il mio viaggio, la mia storia

(firma qui)

GREENLIGHTS
IL DIARIO

IL TUO VIAGGIO, LA TUA STORIA

Matthew
McConaughey

j.k. livin

Baldini+Castoldi

Quando ci vediamo per davvero,

l'attrazione è immediata.

Entra, andiamo.

Sono trentasette anni che tengo diari e questa pratica mi ha portato esaltazione, evoluzione, rivelazione e rivoluzione. Di tanto in tanto mi ha anche portato alle lacrime – talvolta tristi, perlopiù di gioia.

Nello scrivere il mio libro, *Greenlights*, ho riletto cosa avevo scritto nei miei diari, e non solo farlo mi ha aiutato a capire chi sono adesso, ma anche chi voglio essere domani. Riguardando quello che sono *stato*, ho scoperto schemi e modi di pensare che hanno potentemente condizionato i miei successi e fallimenti, sofferenze e piaceri. Ero in grado di ridurre le mie esperienze alla loro essenza, imparare o non imparare da esse, perdonare qualcuno, e rincarare la dose con altri.

Ho capito che i periodi difficili e stressanti nella mia vita – le luci gialle e rosse, come le chiamo io – contenevano tutti lezioni che avevo bisogno di apprendere, e quando ero pronto ad ascoltare quel che avevano da dire, ecco che quei semafori sono diventati verdi.

Questo è il pregio del tenere un diario: conoscere se stessi. Quando mettiamo tutto nero su bianco e condividiamo sentimenti, pensieri e convinzioni con la pagina, iniziamo a capire noi stessi molto più chiaramente, e poi cominciamo a cucire le nostre vite a nostra misura. Iniziamo a distinguere il segnale dal rumore.

Con questo diario potrete affrontare e riconoscere chi siete stati, chi siete ora e chi volete diventare. Potete imparare a stringervi la mano e a godere della vostra compagnia – o cambiare un paio di cosette in modo da riuscire a farlo.

Questo diario è un luogo per le *vostre* storie.

Le persone, i posti, i consigli, le poesie, le preghiere e gli "adesivi" della *vostra* vita. Siate onesti, divertitevi, fate domande, date delle risposte. Non abbiate paura di vedere le vostre contraddizioni come parte della strampalata natura del paradosso. Attaccate qualche foto o frase che vi esalta, scarabocchiate, scribacchiate, disegnate. Modificate, ma senza cancellare. Trovate la vostra frequenza. Indagate. Smascheratevi. Provate a conoscere la sola persona con cui siete costretti a vivere per il resto della vostra vita: voi stessi.

Questo è il *vostro* diario. Questa è la *vostra* storia. Scrivetela.

just keep livin'

MATTHEW McCONAUGHEY

Tutti ci facciamo delle domande,

assicuriamoci però di rispondere.

A volte bisogna tornare indietro per andare avanti. Non per lasciarsi andare ai ricordi o inseguire i fantasmi. Andare indietro per vedere da dove vieni, dove sei stato, come sei arrivato QUI.

– mdm
Lincoln Ad, 2014

Racconta una storia d'amore sulla tua famiglia.

Sono stato educato secondo la mentalità del fuorilegge,

una valanga di paronimie, infarcita di fisica immaginaria,

perché ciò che non era vero doveva esserlo.

Qualche esempio di mentalità da fuorilegge con cui sei stato cresciuto?

Sapere la verità, vedere la verità,
e dire la verità,

sono tutte esperienze diverse.

Qual è una Verità che CONOSCI
una verità che hai **VISTO**
e una verità che RACCONTI?

Per quale verità **Vivi**?

RITI DI PASSAGGIO

Quali sono stati i tuoi?

Sapere chi siamo non è facile.
Il processo di eliminazione è il primo passo.

INIZIA CON:

Chi io non sono?

SONO BRAVO IN CIÒ CHE AMO,
NON AMO TUTTO CIÒ IN CUI SONO BRAVO.

SEI BRAVO IN CIÒ CHE AMI?

Ami ciò in cui sei bravo?

VIVI IN BASE A CIÒ IN CUI CREDI... "PRIMA VIVI LE DOMANDE

POI VIVI IN BASE A CIÒ IN CUI CREDI (piccoli cambiamenti)...

SOLO COSÌ AVRAI IL TUO

STILE" PERSONALE.....

Qual è il tuo stile personale?

Sei uno che si fida subito o solo all'ultimo?

Prova a dare un po' più di fiducia alla prima impressione e anche gli altri faranno lo stesso con te.

Trova la tua frequenza

A volte troviamo la nostra
frequenza aggrappandoci
a una morale in mezzo
al caos.

A volte la troviamo
infrangendo le regole
e bruciando i semafori rossi
per correre a casa.

Su che frequenza sei sintonizzato?

Semafori rossi e **greenlights**
ci dicono di fermarci e partire.

L'arte di vivere è
nel semaforo giallo.

Dove abbiamo Scelta.

Deciderai di premere
sull'acceleratore o rallenterai
fino a fermarti?

Ricordati i semafori rossi.
Cosa ti hanno insegnato?

Questo è un **greenlight.** 

Gratificazione ritardata

Fai delle scelte oggi
Che anticipino i greenlights domani.

** possono essere cose semplici come preparare la macchinetta del caffè stanotte, così che domattina tutto ciò che dovrai fare sarà accendere il gas.*

Quale scelta puoi fare oggi che ti servirà domani?

LA PAURA TI HA MAI FERMATO DAL FARE QUALCOSA?

Quando hai fatto qualcosa anche se ne avevi paura?

L'INDIVIDUALITÀ
HA BISOGNO
DI RESISTENZA.

Che tipo di resistenza ti caratterizza?

A volte, più della SCELTA che fai,
è più importante FARE una
scelta e IMPEGNARSI a rispettarla.

Salta prima di

cadere.

**Non mi è mai
interessata molto
la destinazione.**

L'idea dell'atterraggio
è troppo circoscritta per
la mia immaginazione e
il mio senso della melodia.

Datemi una direzione e
un'autostrada a sedici corsie

con lo spazio per scartare
all'improvviso ed esplorare
lungo il percorso.

Come il jazz, preferisco
vedere la vita come un fiume.

Il fato è una questione di attesa.

Poggia le mani sulla tua ruota di auto-determinazione.

strade sterrate E autostrade

Non è detto che la strada
meno battuta sia una strada
sterrata; per qualcuno,
può essere un'autostrada.

Robert Frost aveva ragione,
prendere la strada meno
battuta può fare tutta la
differenza.

Ma quella strada non è
necessariamente la meno
trafficata.

Potrebbe essere la strada
che noi, personalmente,
abbiamo percorso meno.

L'introverso può avere
bisogno di uscire di casa,
affrontare il mondo, la gente.

L'estroverso può avere
bisogno di restare a casa
a leggere un libro.

A volte abbiamo bisogno
di uscire *là fuori*, a volte
abbiamo bisogno di stare
qui dentro.

Certi giorni la nostra strada
meno battuta è un solitario
sentiero sterrato.

In altri è la metropolitana
all'ora di punta.

Annota le strade che hai preso e perché. E quelle che hai evitato e perché.

Perché tutti abbiamo bisogno di una passeggiata

Rapporto rumore/segnale.

Siamo più che mai bombardati da stimoli innaturali.

Dobbiamo andare dove gli input sensoriali sono scarsi, così da sentire i segnali di sottofondo dei nostri processi psicologici.

Quando il rumore diminuisce, i segnali diventano più chiari, riusciamo a sentirci di nuovo e a ricompattarci.

Il tempo da solo semplifica il cuore.

La memoria si mette in pari, le opinioni si formano.

Incontriamo di nuovo la verità e i suoi insegnamenti,

approdiamo su un appoggio stabile tra il comunicare e l'isolarsi, capiamo di non essere abbandonati nella nostra condizione, soltanto soli.

In questo rumore, dobbiamo impegnarci a fondo per ascoltarci. Come ci riuscirai?

Lo stress fa parte della vita.
Significa che te ne frega.

Qual è uno **stress positivo**
nella tua vita?

Non ho mai scritto le cose
per ricordarmele;
le ho sempre scritte
per poterle dimenticare.

Tu cosa vuoi dimenticare?

unodopolaltro

I successi arrivano uno dopo l'altro.

Fai bene una cosa, poi un'altra.

Una volta e un'altra volta ancora.

Avanti così fino alla fine,

e di nuovo unodopolaltro.

produci, ammira, rispetta

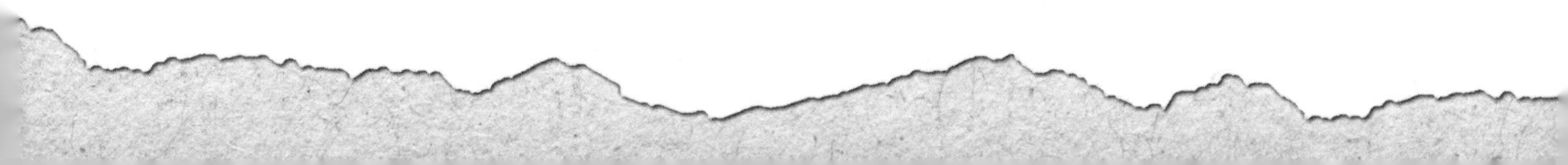

LA VITA, COME L'ARCHITETTURA, È UN VERBO.
SE BEN PROGETTATA, FUNZIONA, È BELLA,
E NON LE SERVE DIREZIONE. MA MANUTENZIONE.

pronti per ogni istante

siamo pronti per ogni istante con
cui ci confrontiamo.

che sia l'istante a plasmare noi, o
noi a plasmare l'istante.

sia che siamo impotenti sia
che abbiamo il controllo
della situazione,

predatore o preda.

siamo pronti per quell'istante.

Ci portiamo tutti dentro un animale buono e uno cattivo.
Quello che sopravvive è quello che noi nutriamo.

biologia e incoraggiamento

DNA e lavoro.

Genetica e forza di volontà.

La vita è una combinazione di elementi.

Qualcuno riceve i geni ma non l'etica
del lavoro o la resilienza.

Altri si fanno il culo ma non hanno
abilità innate.

Altri hanno entrambe le cose
ma si affidano solo alle seconde.

Ti è mai capitato di riuscire meglio di qualcuno più talentuoso di te?

Alcuni vogliono l'aria
condizionata in palestra
per non sudare.

Io invece porto il cappellino
anche a luglio.

Le cose belle arrivano per chi sa sudare.

Un tetto è sempre artificiale.
Non andare nel pallone
sulla linea del traguardo.

In questo Momento:

Quanto è alto il tuo soffitto?

l'arte di correre in discesa

Non inciampare quando corri in discesa.

È quella la montagna che vuoi scalare?

È dietro l'angolo.

Non inventare tragedie.

Arriveranno da sole.

A quale finto dramma puoi smettere di dare retta?

CON IL SAPERE, VORREI ANCHÉ UN PO' DI BUONSENSO

Quando PUOI,

prima chiediti se

lo VUOI.

Allora, lo vuoi?

NECESSITÀ VS. DESIDERIO.

Quello che voglio è quello di cui ho bisogno?

Cambia **la** **prospettiva:** relativizza l'inevitabile.

LA VERITÀ È COME UN PEPERONCINO,
PIÙ TI AVVICINI ALLA RADICE PIÙ DIVENTA PICCANTE.

Le cicatrici sono i veri tatuaggi.
Li abbiamo tutti. Ce ne faremo altri.

Come te li sei fatti i tuoi?

**Siete mai entrati
in un circolo vizioso?**

Bloccati sulla giostra
di una cattiva abitudine?

Tutti noi facciamo errori
e li ammettiamo, chiediamo
perdono, **andiamo avanti.**

RACCONTA UN ERRORE CHE HAI COMMESSO.

Ora volta pagina.

A volte non abbiamo bisogno
di consigli.

A volte abbiamo soltanto bisogno
di sentire che non siamo soli.

Anch'io.

UMILTÀ È SAPERE CHE HAI ANCORA TANTO DA IMPARARE.

Cosa sai di non sapere?

non è la freccia
a cercare il bersaglio,
ma il bersaglio
ad attirare la freccia

Sì, dobbiamo darci degli obiettivi,
inseguire quel che vogliamo, andare a cercarlo,
tracciare il nostro sentiero.

Ma non dimenticare che il ragno attende
nella sua tela
che la cena arrivi.

QUASI MAI TE L'HANNO RUBATA, È
PROPRIO DOVE L'HAI LASCIATA.